Merdie Ntshankana Tondo

L'éveil de la jeunesse congolaise

Merdie Ntshankana Tondo

L'éveil de la jeunesse congolaise

Jeune au Coeur du Congo

Dictus Publishing

Imprint
Any brand names and product names mentioned in this book are subject to trademark, brand or patent protection and are trademarks or registered trademarks of their respective holders. The use of brand names, product names, common names, trade names, product descriptions etc. even without a particular marking in this work is in no way to be construed to mean that such names may be regarded as unrestricted in respect of trademark and brand protection legislation and could thus be used by anyone.

Cover image: www.ingimage.com

Publisher:
Dictus Publishing
is a trademark of
Dodo Books Indian Ocean Ltd. and OmniScriptum S.R.L publishing group

120 High Road, East Finchley, London, N2 9ED, United Kingdom
Str. Armeneasca 28/1, office 1, Chisinau MD-2012, Republic of Moldova, Europe
Managing Directors: Ieva Konstantinova, Victoria Ursu
info@omniscriptum.com

Printed at: see last page
ISBN: 978-3-8473-8855-5

Table des matières

Préface

Dans un monde en constante évolution, où les défis socio-économiques et environnementaux se multiplient, la jeunesse congolaise se dresse comme un phare d'espoir et d'innovation. Cet ouvrage, "L'Éveil de la Jeunesse Congolaise", se veut un hommage à cette génération dynamique, porteuse de rêves et d'ambitions, mais également un appel à la responsabilité collective.

Le Congo, riche de sa diversité culturelle et de ses ressources naturelles, traverse des périodes de turbulences et de transformations. Cependant, au cœur de ces bouleversements, la jeunesse émerge comme un acteur clé du changement. Elle incarne non seulement l'avenir du pays, mais également le moteur d'une société en quête de renouveau et de progrès. À travers ses initiatives, ses luttes et ses aspirations, cette jeunesse nous rappelle que le changement est possible, que l'engagement civique est essentiel et que chaque voix compte.

Cet ouvrage s'efforce de capturer l'essence de cet éveil. Il présente des témoignages inspirants, des analyses éclairantes et des réflexions profondes sur les enjeux auxquels la jeunesse congolaise fait face aujourd'hui. Des questions de l'éducation à celles de l'emploi, en passant par la participation politique et l'engagement social, chaque chapitre explore les défis et les opportunités qui se présentent à cette génération.

En rassemblant les voix de jeunes leaders, d'activistes, d'artistes et de penseurs, nous espérons offrir une plateforme pour partager des idées novatrices et des solutions concrètes. Il est impératif que les décideurs, les éducateurs et la société civile prennent en compte ces perspectives pour construire un avenir inclusif et durable.

À travers "L'Éveil de la Jeunesse Congolaise", nous invitons nos lecteurs à réfléchir sur le potentiel immense de cette génération. Ensemble, cultivons un dialogue intergénérationnel qui valorise la sagesse des aînés tout en encourageant l'audace des jeunes. Car c'est ensemble, unis dans notre diversité, que nous pourrons bâtir un Congo meilleur.

Que cet ouvrage soit une source d'inspiration et un appel à l'action pour tous ceux qui croient en la force transformative de la jeunesse.

Préfacé par Mike Samuel Makenda

Introduction

L'éveil de la jeunesse congolaise est un concept fondamental qui transcende la simple notion de prise de conscience. Il s'agit d'un appel à l'action, à l'engagement et à l'auto-affirmation des jeunes de la République Démocratique du Congo face à un environnement souvent complexe et difficile. Dans un pays riche par sa culture et ses ressources, mais miné par des défis socio-économiques et politiques, l'éveil de la jeunesse devient un levier essentiel à la construction d'un avenir meilleur. Il s'agit d'inculquer aux jeunes un sens aigu de leur identité et de leur rôle dans la société, leur permettant ainsi de revendiquer leur place en tant qu'acteurs du changement.

L'importance de cet éveil réside dans la capacité des jeunes à s'organiser, à réfléchir et à agir pour adresser les injustices et à faire entendre leur voix. Dans un contexte où la jeunesse représente une proportion significative de la population congolaise, leur engagement est non seulement souhaitable, mais aussi indispensable pour la refondation d'une société plus juste, équitable et résiliente.

Cet ouvrage vise plusieurs objectifs. Tout d'abord, il cherche à dresser un état des lieux de la jeunesse en RDC, en analysant les défis auxquels elle fait face et les opportunités qui s'offrent à elle. Ensuite, nous souhaitons mettre en lumière les expériences inspirantes de jeunes leaders et d'initiatives qui participent à cet éveil. Enfin, l'ouvrage entend proposer des pistes concrètes pour encourager l'engagement civique et l'activisme au sein de cette tranche de la population, en soulignant leur potentiel de changement.

Au fil des chapitres, nous aborderons différentes thématiques : l'histoire de la jeunesse en RDC et son influence dans les mouvements sociaux, les valeurs culturelles qui façonnent les identités de la jeunesse, les défis contemporains en matière d'emploi et d'éducation, ainsi que les rôles cruciaux des leaders d'opinion et des mouvements organisés. Nous explorerons également les aspirations des jeunes, en mettant l'accent sur leurs ambitions et les moyens par lesquels ils peuvent œuvrer pour un avenir meilleur.

En somme, cet ouvrage est un appel à reconnaître, à soutenir et à célébrer le potentiel des jeunes Congolais. Il invite chaque lecteur à réfléchir sur son rôle dans cet éveil, tout en proposant un chemin collectif vers l'épanouissement et la transformation de notre société.

Partie I : Contexte général et état des lieux

Chapitre 1 : Histoire de la jeunesse en RDC

1.1 Évolution de la jeunesse congolaise à travers les périodes clés

A. Période coloniale (1885-1960)

La période coloniale a profondément marqué l'évolution et les droits des jeunes Congolais. Les politiques d'exploitation de la Belgique ont entraîné une marginalisation des Congolais, y compris des jeunes, qui avaient un accès limité à l'éducation et à des opportunités de développement. Cependant, malgré ces contraintes, les écoles missionnaires ont servi de foyers intellectuels. Elles ont permis à un nombre restreint de jeunes Congolais d'accéder à des connaissances, mais ont aussi suscité des réflexions critiques sur leur situation. Pendant cette époque, des mouvements estudiantins émergent, donnant naissance à une élite intellectuelle qui a commencé à revendiquer les droits et l'égalité, contribuant ainsi à la littérature et à la pensée politique de l'époque.

B. Indépendance (1960)

La proclamation de l'indépendance en 1960 a été le fruit de luttes acharnées menées, en partie, par la jeunesse congolaise. De nombreux jeunes ont joué des rôles cruciaux, en s'engageant dans des mouvements politiques et en s'impliquant dans des organisations qui appelaient à la liberté et à la justice. Figures emblématiques comme Patrice Lumumba, qui ont inspiré une génération, ont été soutenues par un vivier de jeunes activistes. Les espoirs qui ont suivi l'indépendance étaient immenses, mais la désillusion a rapidement gagné le terrain, les jeunes exprimant un sentiment d'abandon face aux réalités politiques du nouveau régime et cherchant leur place dans un pays à la quête de son identité.

C. Période post-indépendance et conflits (1960 à nos jours)

Depuis l'indépendance, le discours sur la jeunesse a été largement influencé par les régimes successifs, notamment celui de Mobutu. Ce dernier a promulgué une politique d'"authenticité" qui a souvent empêché un véritable engagement de la jeunesse dans la sphère publique et politique. Malgré cela, les jeunes ont été au cœur des rébellions et des mouvements de contestation. Le mouvement abaciste, par exemple, a mobilisé beaucoup de jeunes contre le régime de Mobutu. Les guerres civiles des années 1990 et 2000 ont gravement affecté la jeunesse, engendrant des situations de militarisation, de violences extrêmes, et de déplacements massifs de populations, ce qui a laissé des cicatrices profondes dans la société.

1.2 Mouvements sociaux historiques portés par la jeunesse

A. Les premières revendications et mouvements de contestation

Dans les années 1960 à 1980, les mobilisations étudiantes ont donné lieu à des mouvements significatifs de contestation. Des grèves et des manifestations ont été organisées dans le but de revendiquer des droits sociaux, politiques, et des réformes éducatives. Ces mobilisations étaient souvent réprimées violemment, mais elles ont contribué à forger une conscience politique parmi la jeunesse, consciente de son rôle dans le changement sociétal.

B. Le rôle de la jeunesse dans la démocratie naissante (1990)

Avec l'ouverture démocratique des années 1990, la jeunesse a joué un rôle clé dans le processus de la Conférence nationale souveraine. Cette période a vu des jeunes revendicateurs de droits émerger, s'impliquant dans des mouvements associatifs et des organisations de défense des droits des jeunes qui ont milité pour des réformes démocratiques et la justice sociale. Leur vitalité a été essentielle dans la lutte pour un avenir meilleur et plus équitable, incitant des changements politiques significatifs.

C. Évolution contemporaine des mouvements sociaux

Aujourd'hui, la jeunesse congolaise continue de faire entendre sa voix à travers divers mouvements sociaux. La lutte contre la corruption et pour la démocratie, illustrée par le mouvement "Lutte pour le changement", est un exemple récent de l'engagement des jeunes. De plus, l'impact des réseaux sociaux a ouvert de nouveaux horizons pour la mobilisation moderne et l'éveil politique des jeunes, permettant une diffusion rapide des idées et des actions à travers tout le pays, et favorisant une prise de conscience collective face aux défis contemporains.

Chapitre 2 : Analyse des problèmes socio-économiques affectant la jeunesse

2.1 Problèmes socio-économiques liés à la jeunesse

A. Chômage et précarité

Le chômage est un enjeu majeur pour la jeunesse en République Démocratique du Congo (RDC), avec des taux de chômage chez les jeunes atteignant des niveaux alarmants. Selon les dernières statistiques, près de 70 % des jeunes de moins de 30 ans sont sans emploi, ce qui illustre l'ampleur de cette problématique. Ce phénomène est exacerbé par un manque d'opportunités d'emploi, tant formelles qu'informelles. Les emplois disponibles sont souvent précaires, mal rémunérés et dépourvus de droits sociaux, ce qui pousse de nombreux jeunes à accepter des conditions de travail défavorables. L'absence de perspectives professionnelles contribue à une baisse significative de l'estime de soi parmi les jeunes, engendrant un sentiment de désespoir quant à leur avenir et leur place dans la société.

B. Accès à l'éducation

Le système éducatif en RDC fait face à de nombreux défis, hindrants les possibilités d'accès à une éducation de qualité. Malgré les efforts d'amélioration, le taux de scolarisation reste relativement bas, et des inégalités géographiques persistent, les régions rurales étant particulièrement désavantagées. L'éducation inférieure est souvent le résultat d'une combinaison de facteurs, notamment la pauvreté généralisée, l'insuffisance des infrastructures scolaires et le manque d'accès à des ressources numériques, telles qu'Internet. Ces obstacles entravent non seulement la capacité des jeunes à acquérir les compétences nécessaires pour le marché du travail, mais ils limitent également leur capacité à réfléchir de manière critique sur leur environnement et à s'engager dans la société.

C. Santé et bien-être

Les jeunes en RDC sont confrontés à des problèmes de santé significatifs, tant physiques que mentaux. Les maladies infectieuses, telles que le paludisme et le VIH/SIDA, restent prévalentes, tandis que la santé mentale est souvent négligée. Les politiques de santé publique, bien que visant à améliorer la situation sanitaire, rencontrent des obstacles tels que l'accès limité aux soins de santé et aux services de santé reproductive. Les jeunes manquent souvent d'éducation en matière de santé, ce qui exacerbe leurs vulnérabilités. Une approche intégrée et inclusive en matière de santé, qui prend en compte les spécificités des jeunes, est cruciale pour améliorer leur bien-être.

2.2 Impact des conflits et de la pauvreté sur les aspirations des jeunes

A. Conséquences des conflits sur la jeunesse

Les conflits prolongés que connaît la RDC ont des conséquences dévastatrices sur les jeunes. De nombreux jeunes ont été témoins ou victimes de violences, de militarisation, et de violences sexuelles, laissant des séquelles psychologiques profondes. En outre, les déplacements forcés ont interrompu l'éducation et limité les perspectives d'emploi, créant un cycle de pauvreté et de désespoir. Les jeunes sont souvent contraints de se battre pour leur survie, sacrifiant leurs aspirations personnelles sur l'autel d'une réalité instable et incertaine.

B. Pauvreté et son influence sur les aspirations

La pauvreté structurelle qui règne en RDC exerce une forte influence sur les aspirations des jeunes. Le manque de ressources limite leurs choix de vie, alors que le cercle vicieux de la pauvreté rend difficile l'accès à une éducation de qualité, à des emplois rémunérateurs et à des opportunités d'épanouissement personnel. Ce contexte de précarité engendre un sentiment de désespoir, où de nombreux jeunes se sentent piégés dans leur situation, perdant de vue leurs rêves et ambitions pour l'avenir.

C. Résilience et espoir

Malgré ces défis accablants, des exemples de résilience émergent. De nombreux jeunes trouvent des moyens de surmonter les obstacles, en s'engageant dans des initiatives communautaires ou politiques visant à promouvoir des changements sociaux. Ces jeunes montrent qu'il est possible de transformer les défis en opportunités, et l'engagement collectif parmi les jeunes devient une source de force. Les initiatives de solidarité, d'entraide et de collaboration entre pairs sont cruciales pour forger un avenir meilleur, illustrant le potentiel des jeunes à devenir des acteurs du changement dans la RDC.

Chapitre 3: Diversité et Culture

Exploration des identités culturelles et ethniques de la jeunesse congolaise

La jeunesse congolaise se caractérise par une richesse ethnique et culturelle, faisant du Congo un pays de diversité. Avec plus de 200 groupes ethniques, chaque communauté apporte ses propres traditions, langues, musiques et danses. Cette pluralité permet aux jeunes Congolais de s'identifier à différentes cultures, tout en nourrissant un sentiment de fierté nationale.

L'exploration des identités culturelles chez les jeunes du Congo est essentielle pour comprendre leur place et leur rôle dans la société contemporaine. Ces identités ne se limitent pas aux appartenances ethniques, mais englobent également des influences globales à travers la mondialisation, qui façonnent les goûts, les valeurs et les modes de vie. À travers les technologies de communication, la jeunesse congolaise s'immerge dans des cultures variées, ce qui crée un espace d'échange mais aussi de tensions entre traditions et modernité.

Rôle de la culture dans l'éveil de la conscience critique et civique

La culture joue un rôle crucial dans l'éveil de la conscience critique et civique parmi la jeunesse congolaise. Les expressions artistiques, comme la musique, le théâtre et la danse, servent de vecteurs pour discuter des enjeux sociaux et politiques. La culture permet également de raconter l'histoire du pays, d'aborder des questions telles que la justice, l'inégalité et la corruption.

À travers la participation à des événements culturels, les jeunes prennent conscience de leurs droits et de leurs responsabilités. Les festivals, les ateliers et les forums culturels offrent des espaces de dialogue où les jeunes peuvent s'exprimer et questionner les normes établies. En s'engageant dans des pratiques culturelles, ils acquièrent une meilleure compréhension de leur identité et développent un sentiment d'appartenance à une communauté plus vaste, favorisant ainsi l'engagement civique.

Chapitre 4: Valeurs et Éducation

Importance de l'éducation dans l'éveil de la jeunesse

L'éducation est un vecteur fondamental dans l'éveil de la jeunesse congolaise. Elle joue un rôle clé non seulement dans le développement personnel, mais aussi dans la construction de valeurs telles que la tolérance, le respect et la responsabilité. Dans un pays où l'accès à l'éducation est souvent inégal, des initiatives visant à promouvoir une éducation de qualité sont essentielles.

Une éducation inclusive et équitable permet aux jeunes de mieux comprendre leur environnement et de s'engager activement dans les dynamiques de changement social. Par ailleurs, l'éducation favorise l'esprit critique, indispensable pour analyser les réalités sociales et contribuer à la transformation de la société.

Initiatives pour promouvoir des valeurs telles que la justice sociale, la solidarité et le respect des droits

Des initiatives diverses sont mises en place au Congo pour promouvoir des valeurs fondamentales telles que la justice sociale, la solidarité et le respect des droits de l'homme. Des ONG, des écoles et des mouvements de jeunesse organisent des programmes éducatifs qui sensibilisent les jeunes aux enjeux sociaux. Ces programmes incluent des activités de service communautaire, des campagnes de sensibilisation et des ateliers sur les droits humains.

De plus, des projets de mentorat et de leadership sont mis en œuvre pour encourager les jeunes à s'impliquer dans des actions sociales. Ces initiatives renforcent la cohésion sociale et encouragent l'esprit d'entraide parmi les jeunes.

En conclusion, l'exploration des identités culturelles et l'éducation sont intimement liées et essentielles pour l'épanouissement de la jeunesse congolaise. Elles contribuent à façonner des individus conscients, engagés et prêts à faire face aux défis d'un monde en constante évolution.

Chapitre 5: Leaders et Acteurs du Changement

Portraits des jeunes leaders et d'organisations qui œuvrent pour le changement

La République Démocratique du Congo (RDC) abrite de nombreux jeunes leaders qui se distinguent par leur engagement en faveur du changement social et de l'amélioration des conditions de vie de leurs concitoyens. Parmi ces figures, **Kadiata Kelembwe**, une activiste réputée pour son travail dans la promotion des droits des filles et des femmes, incarne la voix de la jeunesse congolaise. Par le biais de son organisation, *Afro-Feminist Initiative*, elle sensibilise les jeunes sur les enjeux liés à l'éducation des filles et à la lutte contre la violence basée sur le genre.

De même, l'initiative *Youth for Change*, dirigée par **Malik Mukena**, est un exemple d'organisation qui mobilise les jeunes autour de projets éducatifs et environnementaux. Ce collectif a réussi à toucher des milliers de jeunes dans les villes et villages, promouvant des pratiques de développement durable et des actions contre le changement climatique.

Ces jeunes leaders et organisations ne se contentent pas de traiter les symptômes des problèmes sociaux, mais s'attaquent aux causes profondes en sensibilisant leurs pairs et en plaidant pour des politiques plus inclusives.

Études de cas d'initiatives jeunes à impact positif

1. Initiative de reforestation par les jeunes : Dans la province du Haut-Katanga, un groupe de jeunes a lancé un projet de reforestation qui a permis de planter plus de 10 000 arbres en une année. Grâce à cette initiative, ils sensibilisent la communauté sur l'importance de la conservation de l'environnement tout en créant des espaces verts dans leur localité.

2. Programmes d'éducation non formelle : Dans les quartiers urbains de Kinshasa, des jeunes enseignants bénévoles ont créé des cours de soutien pour les enfants déscolarisés. Ces programmes ont permis à des centaines d'enfants d'acquérir des compétences de base, augmentant ainsi leur chance de réintégration dans le système scolaire formel.

3. Mouvements pour la paix : Le mouvement *Génération Paix* a organisé des ateliers de dialogue interculturel entre les différents groupes ethniques, promouvant la tolérance et la paix en réponse aux tensions ethniques persistantes.

Chapitre 6: Mobilisation Citoyenne

Analyse des mouvements de jeunesse récents en RDC

Récemment, la RDC a été le théâtre de plusieurs mouvements de jeunesse qui revendiquent un changement politique et social. Des mouvements tels que *Lutte pour le Changement (LUCHA)* ont mobilisé des milliers de jeunes autour de la lutte contre la corruption, l'amélioration des conditions de vie, et l'accès à une éducation de qualité.

Ces mouvements, souvent inspirés par des préoccupations sociales et politiques, se caractérisent par leur capacité à rassembler des individus de différentes origines autour d'objectifs communs. Leurs actions incluent des manifestations pacifiques, des campagnes de sensibilisation, et des initiatives de plaidoyer auprès des décideurs politiques.

Utilisation des médias sociaux et des nouvelles technologies pour mobiliser la jeunesse congolaise

Les médias sociaux jouent un rôle de catalyseur dans la mobilisation des jeunes en RDC. Des plateformes comme Facebook, Twitter et WhatsApp permettent aux jeunes de s'informer rapidement sur les enjeux socio-politiques et d'organiser des initiatives collectives. Des hashtags tels que #JeSuisCongo et #MobilisationJeunesse deviennent des outils de sensibilisation qui unissent des milliers de personnes autour de causes communes.

De plus, les nouvelles technologies facilitent la création de réseaux de solidarité, permettant aux jeunes de partager des ressources, des idées et des stratégies pour lutter pour le changement.

Chapitre 7: Rêves et Ambitions

Témoignages de jeunes sur leurs aspirations, leurs défis et leurs réussites

Les jeunes Congolais sont porteurs de rêves et d'ambitions variés, qui reflètent la diversité de leur vécu et de leurs espoirs pour l'avenir. Des témoignages recueillis à travers tout le pays révèlent des aspirations puissantes et inspirantes.

Témoignage de Marie, étudiante en ingénierie : "Mon rêve est de contribuer à la reconstruction de notre infrastructure. Je veux réfléchir à des solutions durables pour l'eau et l'électricité, car je vois comment cela affecte notre quotidien. Les défis sont nombreux, notamment le manque de ressources financières et les tensions politiques, mais je suis déterminée à réussir."

Témoignage de Jean, entrepreneur : "J'ai créé une petite entreprise de fabrication de meubles à partir de matériaux recyclés. Mon ambition est de montrer que nous pouvons être innovants tout en préservant notre environnement. Les obstacles sont là : il faut surmonter les stéréotypes sur les jeunes entrepreneurs, mais chaque vente me rapproche de mon objectif de créer des emplois."

Ces récits illustrent non seulement les aspirations profondes des jeunes, mais aussi les défis qu'ils affrontent quotidiennement, notamment l'accès à l'éducation, à l'emploi et aux financements. Néanmoins, ils témoignent également de leurs réussites, qu'il s'agisse d'achèvement d'études ou de lancement d'initiatives communautaires.

Importance de l'entrepreneuriat et de l'innovation

L'entrepreneuriat joue un rôle crucial dans les ambitions des jeunes Congolais. En raison de la situation économique et de la prévalence du chômage, de nombreux jeunes choisissent de créer leurs propres opportunités. L'innovation est également au coeur de cette dynamique : l'utilisation des nouvelles technologies pour développer des solutions adaptées aux besoins locaux est une tendance en forte croissance.

Des incubateurs et des programmes de formation en entrepreneuriat émergent, permettant aux jeunes de se former et de bénéficier d'un soutien financier. Ces initiatives favorisent le développement de compétences pratiques et de réseaux professionnels, renforçant ainsi l'écosystème entrepreneurial en RDC.

Chapitre 8: Vers un Avenir Meilleur

Propositions d'actions concrètes pour l'engagement citoyen et le changement positif

Pour renforcer l'engagement citoyen et favoriser un changement positif, plusieurs actions concrètes peuvent être mises en place :

1. **Renforcement de l'éducation civique** : Inclure des programmes d'éducation civique dans les curricula scolaires pour sensibiliser les jeunes aux enjeux de la démocratie, des droits de l'homme et de la participation citoyenne.

2. **Création de réseaux de jeunes acteurs** : Promouvoir des plateformes où les jeunes peuvent échanger sur leurs idées et initiatives, afin de créer des synergies et de renforcer le travail en commun.

3. **Soutien à l'entrepreneuriat social** : Établir des fonds d'investissement et des incubateurs d'entreprises pour soutenir des projets qui cherchent à résoudre des problèmes sociaux et environnementaux.

4. **Mise en œuvre de programmes de volontariat** : Encourager la participation des jeunes dans des projets communautaires, en

fournissant des incitations aux jeunes qui s'engagent dans des actions de bénévolat.

Rôle des politiques publiques, des partenariats et de la coopération internationale

Les politiques publiques doivent être orientées vers la promotion de l'engagement des jeunes et l'autonomisation. Cela passe par la mise en place de lois favorisant l'accès à l'éducation, à l'emploi et au financement des initiatives jeunes.

La coopération internationale peut également jouer un rôle significatif en apportant des ressources, des savoir-faire et des partenariats. Des organisations internationales peuvent collaborer avec des ONG locales pour renforcer des programmes cib

Partie 2: Aspirations et visions d'avenir

Chapitre 7: Rêves et Ambitions

Témoignages de jeunes sur leurs aspirations, leurs défis et leurs réussites

Les jeunes Congolais sont porteurs de rêves et d'ambitions variés, qui reflètent la diversité de leur vécu et de leurs espoirs pour l'avenir. Des témoignages recueillis à travers tout le pays révèlent des aspirations puissantes et inspirantes.

Témoignage de Marie, étudiante en ingénierie : "Mon rêve est de contribuer à la reconstruction de notre infrastructure. Je veux réfléchir à des solutions durables pour l'eau et l'électricité, car je vois comment cela affecte notre quotidien. Les défis sont nombreux, notamment le manque de ressources financières et les tensions politiques, mais je suis déterminée à réussir."

Témoignage de Jean, entrepreneur : "J'ai créé une petite entreprise de fabrication de meubles à partir de matériaux recyclés. Mon ambition est de montrer que nous pouvons être innovants tout en préservant notre environnement. Les obstacles sont là : il faut surmonter les stéréotypes sur les jeunes entrepreneurs, mais chaque vente me rapproche de mon objectif de créer des emplois."

Ces récits illustrent non seulement les aspirations profondes des jeunes, mais aussi les défis qu'ils affrontent quotidiennement, notamment l'accès à l'éducation, à l'emploi et aux financements. Néanmoins, ils témoignent également de leurs réussites, qu'il s'agisse d'achèvement d'études ou de lancement d'initiatives communautaires.

Importance de l'entrepreneuriat et de l'innovation

L'entrepreneuriat joue un rôle crucial dans les ambitions des jeunes Congolais. En raison de la situation économique et de la prévalence du chômage, de nombreux jeunes choisissent de créer leurs propres opportunités. L'innovation est également au coeur de cette dynamique : l'utilisation des nouvelles technologies pour développer des solutions adaptées aux besoins locaux est une tendance en forte croissance.

Des incubateurs et des programmes de formation en entrepreneuriat émergent, permettant aux jeunes de se former et de bénéficier d'un soutien financier. Ces initiatives favorisent le développement de compétences pratiques et de réseaux professionnels, renforçant ainsi l'écosystème entrepreneurial en RDC.

Chapitre 8: Vers un Avenir Meilleur

Propositions d'actions concrètes pour l'engagement citoyen et le changement positif Pour renforcer l'engagement citoyen et favoriser un changement positif, plusieurs actions concrètes peuvent être mises en place :

1. **Renforcement de l'éducation civique** : Inclure des programmes d'éducation civique dans les curricula scolaires pour sensibiliser les jeunes aux enjeux de la démocratie, des droits de l'homme et de la participation citoyenne.

2. **Création de réseaux de jeunes acteurs** : Promouvoir des plateformes où les jeunes peuvent échanger sur leurs idées et initiatives, afin de créer des synergies et de renforcer le travail en commun.

3. **Soutien à l'entrepreneuriat social** : Établir des fonds d'investissement et des incubateurs d'entreprises pour soutenir des projets qui cherchent à résoudre des problèmes sociaux et environnementaux.

4. **Mise en œuvre de programmes de volontariat** : Encourager la participation des jeunes dans des projets communautaires, en fournissant des incitations aux jeunes qui s'engagent dans des actions de bénévolat.

Rôle des politiques publiques, des partenariats et de la coopération internationale

Les politiques publiques doivent être orientées vers la promotion de l'engagement des jeunes et l'autonomisation. Cela passe par la mise en place de lois favorisant l'accès à l'éducation, à l'emploi et au financement des initiatives jeunes.

La coopération internationale peut également jouer un rôle significatif en apportant des ressources, des savoir-faire et des partenariats. Des organisations internationales peuvent collaborer avec des ONG locales pour renforcer des programmes cib.

Conclusion

La République Démocratique du Congo fait face à de nombreux enjeux et défis qui touchent profondément sa jeunesse. Les réalités de la pauvreté, du chômage élevé, de l'inégalité d'accès à l'éducation et des tensions politiques entravent les aspirations des jeunes Congolais et leur capacité à réaliser leurs ambitions. Malgré ces obstacles, les témoignages recueillis dans cette analyse montrent une jeunesse résiliente, créative et désireuse de changement.

Nous avons vu comment des jeunes leaders et des organisations émergent pour influencer positivement leur environnement. À travers leurs initiatives, ils témoignent non seulement de leur détermination à surmonter les défis, mais aussi de leur capacité à inspirer d'autres jeunes à agir. La mobilisation citoyenne est en plein essor, et l'utilisation des médias sociaux et des nouvelles technologies constitue une formidable opportunité pour créer un élan collectif vers des réformes sociales et politiques.

Cependant, pour transformer ces aspirations en réalité, un appel urgent à l'action collective s'impose. Il est essentiel d'éveiller la conscience de la jeunesse congolaise sur l'importance de leur rôle en tant qu'acteurs du changement. Chaque jeune a le potentiel d'être un leader dans sa communauté, et cet engagement ne devrait pas se limiter aux seuls enjeux personnels, mais s'étendre à des initiatives qui favorisent le bien commun.

Ainsi, nous encourageons la jeunesse à s'unir, à partager ses idées, et à agir pour créer un avenir qui réponde à leurs rêves et aspirations. Il est crucial que les institutions publiques, les partenaires internationaux et les acteurs de la société civile soutiennent cet élan en mettant en place des structures et des programmes qui favorisent l'engagement, l'entrepreneuriat et l'innovation.

Ensemble, en forgeant des partenariats solides et en prenant des mesures concrètes, la jeunesse congolaise peut surmonter les défis existants et bâtir un avenir meilleur, empreint de justice, d'égalité et de prospérité. Le changement commence aujourd'hui, et il dépend de vous, jeunes Congolais, d'agir et de faire entendre votre voix pour qu'elle résonne dans toute la société.

Annexes

Données Statistiques sur la Jeunesse Congolaise

1. **Démographie**

   - Environ 70% de la population de la République Démocratique du Congo (RDC) a moins de 30 ans, ce qui représente environ 36 millions de jeunes.

   - La population totale de la RDC est estimée à environ 90 millions d'habitants.

2. **Éducation**

   - Taux d'alphabétisation chez les jeunes (15-24 ans) : environ 75% (varie selon les régions, avec des taux plus bas dans certaines zones rurales).

   - Le taux d'inscription à l'école primaire est d'environ 85%, tandis que le taux d'inscription au secondaire est d'environ 30%.

3. **Emploi**

   - Le taux de chômage chez les jeunes (15-24 ans) est estimé à 25%, avec des taux d'inactivité encore plus élevés en milieu rural.

   - Environ 40% des jeunes travaillent dans le secteur informel, souvent sans protection sociale ni garanties de revenus stables.

4. **Santé**

- Taux de mortalité infantile : 85 décès pour 1 000 naissances.

- Problèmes de santé mentale et de maladies sexuellement transmissibles (MST) touchent de nombreux jeunes, exacerbés par le manque d'accès à des soins de santé adéquats.

5. **Engagement Civique**

- Environ 20% des jeunes affirment s'engager régulièrement dans des activités communautaires ou de bénévolat.

- Le taux de participation des jeunes aux élections reste relativement faible, souvent en raison du désenchantement vis-à-vis de la politique.

Liste d'Organisations et de Ressources pour les Jeunes

1. **Organisations de la société civile**

   - **Jeunesse Action** : Promeut l'engagement civique et l'autonomisation des jeunes à travers des programmes de formation et de sensibilisation.

   - **Congo Youth Alliance (CYA)** : Travaille à l'amélioration des conditions de vie des jeunes en RDC par l'éducation, l'entrepreneuriat et le développement personnel.

2. **Incubateurs et programmes d'entrepreneuriat**

   - **Bamboostrap** : Un incubateur d'entreprises qui offre soutien et formation aux jeunes entrepreneurs dans les secteurs innovants.

   - **Des Jeunes pour le Développement (DJD)** : Propose des formations en entrepreneuriat et en gestion de projets pour les jeunes.

3. **Ressources éducatives**

   - **UNICEF RDC** : Fournit des informations et des ressources sur l'éducation et le bien-être des enfants et des jeunes.

   - **Plan International** : Travaille pour l'accès à l'éducation et à des programmes de protection des jeunes.

4. **Plateformes de volontariat**

   - **Volontariat pour le Développement** : Encourage les jeunes à participer à des projets communautaires et offre des opportunités de bénévolat.

   - **Serve the City Kinshasa** : Organise des événements et des initiatives pour rassembler les jeunes autour de projets de développement local.

5. **Ressources en ligne**

   - **Youth for Peace** : Une plateforme dédiée à l'engagement des jeunes dans les initiatives de paix et de sécurité.

   - **Africa Youth Development Fund** : Fournit des subventions et des ressources aux jeunes pour le développement de leurs projets à impact social.

Ces données et ressources montrent le potentiel et les besoins d'une jeunesse dynamique en RDC. L'accès à des outils d'éducation, d'entrepreneuriat et d'engagement civique est essentiel pour permettre à cette jeunesse d'écrire son propre avenir et de contribuer à la société.

Bibliographie

1. **Livres et Rapports**

- World Bank. (2021). *Demographic and Health Survey: Democratic Republic of Congo 2020*. Washington, DC: World Bank Group.

- UNICEF. (2020). *The State of the World's Children 2020: Children, Adolescents and Young People in the Democratic Republic of Congo*. New York: UNICEF.

- African Development Bank. (2019). *Youth Employment in Africa: Problems and Solutions*. Abidjan: African Development Bank Group.

- International Labour Organization (ILO). (2018). *World Employment Social Outlook 2018: Greening with Jobs*. Geneva: ILO.

- Aliou, M. & Mbazoa, J. (2019). *Youth and Entrepreneurship in Africa: Challenges and Opportunities*. Dakar: West African Research Center.

2. **Articles Académiques**

- Ndung'u, S. K., & Ibeanu, O. (2019). "Youth Engagement and the Political Economy of the DRC". *African Journal of Political Science, 13*(2), 156-172.

- Mbuyi, S. (2020). "Youth Empowerment in the Democratic Republic of Congo: An Analysis of Challenges and Solutions". *Journal of African Studies, 8*(1), 45-62.

3. **Ressources en ligne**

   - African Union. Retrieved from

https://au.int/en/

   - European Union. Youth and the EU: Policy and Engagement.
Available at https://europa.eu/youth

Recommandations de Lectures Supplémentaires

- **Boko, A. (2017).** *Youth and Sustainable Development in Africa*.
Addis Ababa: United Nations Economic Commission for Africa.

- **Lalou, R., & Mba, A. (2020).** *The Role of Youth in the Social
Dynamics of Sub-Saharan Africa*. London: Routledge.

- **Mbandaka, J. (2018).** *Entrepreneurship and Youth
Development in the Democratic Republic of Congo: A Gender
Perspective*. Kinshasa: Edition L'Harmattan.

Remerciements

Je tiens à exprimer ma profonde gratitude à toutes les personnes qui ont contribué à la réalisation de cet ouvrage. Un grand merci aux jeunes Congolais qui ont partagé leur histoire et leurs expériences, apportant ainsi une voix authentique et précieuse à cette analyse.

Je suis également reconnaissante envers les organisations non gouvernementales qui m'ont fourni des données et des ressources, ainsi qu'aux experts académiques qui ont pris le temps de partager leurs connaissances sur les enjeux auxquels fait face la jeunesse en République Démocratique du Congo.

Enfin, je voudrais remercier ma famille et mes amis pour leur soutien indéfectible durant ce projet, ainsi que les lecteurs qui s'engageront à se joindre à cette cause pour le changement positif. Votre intérêt et votre engagement sont les clés pour bâtir un avenir meilleur pour la jeunesse congolaise.

Biographie de l'autrice

Ntshankana Tondo Merdie, née à Kinshasa le 05/Mars/2005.

Journaliste et présentatrice télé de profession ; auteure-écrivaine , formatrice en prise de parole en public. Elle a pour devise : Ne jamais abandonner ses rêves.